ESSAI

SUR LE

COMMUNISME

PAR

Jⁿ GUYARD,

Prolétaire.

« Qui n'en escript que reverement et
regulierement, il en laisse en arriere
plus de la moitié. »

(MONTAIGNE.)

DIJON,

CHEZ LES PRINCIPAUX LIBRAIRES.

(Imprimerie Loireau-Feuchot.)

1848.

A MON AMI DUMONTIER.

Je me suis rendu enfin, mon cher Dumontier, à vos désirs, à vos sollicitations, et, je dois le dire, aussi à ma propre curiosité. J'ai lu, relu, étudié, médité les ouvrages des apôtres de la communauté des biens, et particulièrement le *Voyage en Icarie*. Mais, je vous l'avouerai tout d'abord, je ne suis pas converti. Loin de là ; il s'est opéré en moi un tout autre effet, qui m'a rendu l'adversaire du communisme. C'est que plus je relis, plus je médite les œuvres de ces publicistes, et plus leur système d'organisation sociale et politique me semble être une chimère. Aussi je ne désire pas que ma patrie en fasse la première expérience ; elle y trouverait, à mon avis, beaucoup trop de mécompte. Cette crainte m'a inspiré la pensée de faire la critique d'une doctrine gouvernementale dont le moindre défaut est d'être inexécutable, et qui est grosse de dangers.

Vous savez bien, vous, que je ne suis, hélas ! ni propriétaire ni capitaliste, et que, par conséquent, la com-

munauté ne peut me faire aucun tort. En la rejetant,
ce n'est donc pas l'intérêt qui me fait parler, mais la
conviction où je suis qu'elle est impossible et qu'elle
ferait le malheur du peuple qui l'adopterait. J'aurais dû
me taire alors, direz-vous, le débat m'étant indifférent.
Mais, ami, je suis sollicité par le désir d'être utile selon
mon pouvoir. Car, si mes objections sont vraies, elles
désabuseront peut-être quelques esprits qu'aurait pu
séduire ce je ne sais quoi de brillant, mais de faux, qui
ne laisse pas que de surprendre dans la communauté.
Comme l'or, et surtout les pierreries, sont des choses
trop rares pour en donner à tous, et comme tous cependant auraient droit à leur possession, les communistes
supprimeraient ces matières précieuses, auxquelles ils
n'accordent qu'une valeur extrinsèque et fictive, et les
remplaceraient par le chrysocale et les pierres fausses.
C'est là l'image exacte de leur gouvernement : tout n'y
est que clinquant ; au lieu de biens solides et réels, il
n'y a qu'une fastueuse, mais vaine apparence ; et il est
aisé, à qui veut réfléchir, d'apercevoir toute la laideur
que cache ce fard.

On accuse ces socialistes d'être hypocrites, anarchis-
tes et n'ambitionnant la substitution de la communauté
au droit de propriété que parce que tout est profit pour
eux dans ce changement. Moi, je les crois sincères, de
bonne foi et animés de droites intentions. Je vous con-
nais, ami, et ce serait vous faire injure que de penser
autrement. Je ne suis donc leur adversaire que parce

que je suis convaincu que leur doctrine est erronée, que leurs principes sont faux. Ainsi, ils partent et ils doivent en effet partir de la perfection humaine pour conclure que les hommes peuvent vivre sous un gouvernement parfait ; mais, entre nous, cette perfection supposée, leur critérium, n'est-elle pas une hypothèse, gratuite pour le moins ? Ils croient encore tous les hommes égaux en force physique et intellectuelle ; mais cette croyance, si elle n'est pas feinte, ne s'appuie-t-elle pas sur une base de sable ?

Sans doute, cher Dumontier, le lecteur peut, au premier aspect, se laisser surprendre par la satire de la propriété et par l'apologie de la communauté des biens, surtout si le persiflage de l'une ne semble être fait que pour faire ressortir les louanges de l'autre. Mais l'homme observateur et doué de quelque pénétration, qui étudie toute production de l'esprit pour en connaître la substance, la force et la valeur, qui passe tout ce qu'il lit au creuset de l'analyse, pour en apprécier l'essence et le prix, ne conservera pas longtemps son illusion sur celle-ci et sa haine contre l'autre. Il verra bientôt qu'un pareil langage est plutôt celui d'un satirique qui badine et d'un romancier qui veut plaire et montrer sa brillante imagination, que le raisonnement sérieux d'un homme d'Etat. Il sera bientôt amené à dire que ne parler que des maux engendrés par le droit de propriété, quand on tait ses avantages et ses bienfaits, ce peut être un argument qui prévient grande-

ment contre lui, mais ce n'est ni juste ni loyal. De
même, ne présenter de la communauté, avec laquelle
on le compare, que le côté qui charme et séduit, sans
tenir compte de ses inconvénients, est au moins beaucoup d'aveuglement : les cacher avec intention serait
plus qu'un tort grave. Pour faire preuve de désintéressement et d'impartialité, et pour rendre les hommes
capables de choisir avec une entière connaissance de
cause, il faudrait énumérer avec justesse les qualités et
les défauts de l'un et de l'autre système : ce n'est qu'en
face d'un parallèle équitablement établi, qu'on peut
opter sans crainte de commettre d'erreur. Est-ce là ce
qui a été fait dans le *Voyage en Icarie?* Le sentiment
qui semble guider l'auteur de cet ouvrage n'est-il pas
de mettre sous les yeux toute la laideur de l'un et toute
la beauté de l'autre ?

J'avoue que ce système de gouvernement paraît irré-
prochable. J'entends par là que si l'on admet ses principes, on en trouve les conséquences bien déduites.
Mais ce n'est point là une tâche au-dessus des forces des
législateurs. La merveille à réaliser est de rendre les
hommes capables de vivre sous une semblable constitution. Je crois qu'il aurait fallu commencer par là;
qu'on aurait dû d'abord perfectionner l'humanité, et la
communauté se serait ensuite établie comme d'elle-
même. Le statuaire, avant de faire une figure, travaille
sa cire, la pétrit, l'amollit et la rend propre à se prêter
à tous ses caprices.

Qu'ils m'ont paru éloignés d'agir de la sorte, ami, les partisans de la communauté des biens! Ils s'inquiètent peu, ce me semble, si les hommes sont assez imparfaits pour rendre leur doctrine irréalisable : leur plus grand souci est de faire de la propagande, du prosélytisme; leur plus grand désir est de faire des partisans, et ils ne se sont occupés qu'à en rassembler le plus grand nombre possible. Et comme ils savent qu'il est impossible aux masses de ne pas se laisser éblouir par des images brillantes, ils les prennent par leur côté faible. Ils jettent à la foule quelque chose qui brille à sa superficie, sachant combien l'apparence suffit pour la séduire. Ils cultivent sa faiblesse en lui faisant des promesses magnifiques, et ils étalent dans leurs livres des tableaux merveilleux qui produisent aux lecteurs les effets du mirage, et qui, comme lui, donnent le vertige et causent des hallucinations complètes. Alors, à la faveur de semblables illusions, comment l'espérance d'une béatitude céleste ne serait-elle pas prompte à s'infiltrer, surtout au sein des classes souffrantes? Et si cette espérance est chimérique, n'est-elle pas comme un poison qui s'insinue, qui se glisse jusqu'au cœur de la société où elle a eu accès, pour la remuer ensuite avec violence, lui donner de douloureuses secousses, et peut-être la mettre à l'agonie?

C'est à ces calamités que conduit la communauté, quoique ses partisans ne les prévoient pas, aveuglés qu'ils sont par l'enthousiasme et l'espoir. Car, comme

dit l'auteur du *Voyage en Icarie*, « il est dans la nature
de l'homme qu'il sente le mal présent bien plus que le
mal futur, même plus violent, et que le mal actuel l'ab-
sorbe trop pour lui laisser la faculté de penser au mal
éloigné, et d'en apercevoir toute l'étendue ; la souf-
france l'égare souvent au point qu'il emploie les remèdes les plus dangereux pour la faire cesser à tout
prix. » C'est ainsi qu'il est peut-être des hommes assez
aveugles pour vouloir substituer au droit de propriété
la communauté des biens, qui serait un remède pire
que le mal.

Non pas toutefois que, trop craintif de l'avenir et
n'ayant pas foi dans le progrès, je sois de l'avis de Montaigne, quand il dit : « Et pourtant, selon mon humeur,
Les affaires publicques, il n'est aulcun si mauvais train,
pourveu qu'il aye de l'aage et de la constance, qui ne
vaille mieulx que le changement et le remuement. Nos
mœurs sont extrêmement corrompues, et penchent
d'une merveilleuse inclination vers l'empirement ; de
nos loix et usances, il y en a plusieurs barbares et mons-
trueuses : toutefois, pour la difficulté de nous mettre en
meilleur estat, et le dangier de ce croullement, si je
pouvais planter une cheville à nostre roue et l'arrester
en ce point, je le ferois de bon cœur. »

Non, cher Dumontier, ces principes ne sont pas les
miens. Le nonchalant philosophe du XVIe siècle me semble dans l'erreur. Je pense qu'il faut, autant qu'on peut,
aller en avant, épurer nos mœurs et améliorer notre

état. Il faut surtout organiser le travail le mieux qu'on peut. S'il me semble qu'il est absurde de proposer un plan de gouvernement que sa perfection presque absolue, presque idéale, élève au-dessus de la portée de l'humanité, je voudrais au moins une constitution qui fût la moins vicieuse possible, mais, en même temps et surtout, d'une application non chimérique.

Je crois qu'une République ayant pour base la propriété, et faisant la part de l'imperfection humaine, est, au moins pour le présent, le seul gouvernement le plus parfait qui puisse exister. Je crois même qu'elle est pour toujours, en matière de gouvernement, le *nec plus ultra* de la perfection possible. On peut avoir le dévouement et le désintéressement, l'amour de la patrie et les mâles vertus que demande la République : mais c'est tout. La complète abnégation de soi-même, les vertus surhumaines, la perfection enfin qu'exige la communauté, sont au-dessus de l'homme. Je désirerais me tromper, mais je n'ai pas cet espoir. Il est des remèdes qui, pris en petite dose, rendent à la santé : ils tuent plus vite que la maladie, quand les potions en sont trop fortes, car la faiblesse de constitution du malade ne les peut supporter. La communauté est un remède de ce genre : si l'on applique à un État quelques-uns de ses principes, ils le pourront rendre prospère; appliquée tout entière et absolument, elle serait infailliblement la cause de sa ruine complète.

Il vaut donc mieux, ami, selon moi, se rallier à notre

nouvelle République, dont j'ai salué l'ère avec bonheur et joie, et s'efforcer de la rendre florissante et forte, que de consumer ses forces et son intelligence à la vaine poursuite d'un rêve. Pour moi, je souhaite à la durée de son existence l'application de la devise de notre amitié : *Maintenant et toujours!*

Adieu!

Jⁿ GUYARD.

9 avril 1848.

ESSAI

LE COMMUNISME.

§ 1er.

Certains publicistes, cherchant la cause des maux qui affligent l'humanité, ont cru la reconnaître dans l'inégalité de fortune; et, pour remède à cet état de choses, ils proposent d'abolir la propriété, d'où naît cette inégalité, et de lui substituer la communauté des biens.

Si la communauté doit opérer une cure aussi merveilleuse et aussi inespérée, il faudrait que nous fussions bien ennemis de nous-mêmes, pour ne point l'adopter. Toutefois, comme un changement aussi radical peut avoir de graves conséquences, il est prudent, avant de le faire, de chercher à savoir s'il pourra nous sauver, et s'il est praticable.

Il y a déjà longtemps que quelques philosophes l'ont proposée; mais le genre humain, presque à l'unanimité, l'a toujours repoussée, la tenant pour une chimère dont la réalisation est impossible et même dangereuse. On oppose à cette répulsion universelle l'opinion des philosophes, anciens et modernes, qui sont la lumière et le fanal du genre humain. L'objection serait grave, si les extraits des ouvrages de ces philosophes, qu'on nous présente, étaient l'expression de leur pensée et de leur doctrine. Mais il n'en est rien; et si ceux dont on invoque gratuitement le témoignage en faveur de la communauté, « sortaient de la tombe et se réunissaient en congrès, » je doute que le plus grand nombre répondissent autrement que par une dénégation, comme l'ont fait MM. Lamennais et Lamartine (1).

Et, de fait, quand la saine raison l'étudie, sans se laisser fasciner par ses prestiges, comme aussi sans prévention, ne l'estime-t-elle pas le rêve inexécutable d'une imagination délirante, à qui l'aspect des maux de l'humanité et le désir de les guérir ont donné la fièvre et le vertige? Pouvons-nous ne pas la juger ainsi, quand on nous la représente transformant le monde entier, et le rendant semblable à ces pays dont on trouve la description dans les contes arabes, et habités par des fées, des péris, des génies, de qui l'inépuisable bienfaisance se plaît à doter les hommes de palais superbes, de châteaux magnifiques, de jardins délicieux, et d'une foule d'autres accessoires pour les commodités et le parfait bonheur de la vie? N'est-on pas en droit, à la lecture d'un semblable ouvrage, de dire de la communauté ce que Montaigne disait de la vie : « Qui n'en escript que

(1) Un Journal, qui se prétendait bien informé, racontait que M. l'abbé Lamennais traitait la communauté des biens de chimère et de rêve irrationnel, et niait avoir jamais été son partisan et encore moins son apôtre.

Quant à M. Lamartine, tout le monde connaît sa lettre à l'auteur du *Voyage en Icarie*, dans laquelle il se défend d'avoir été son prosélyte.

reveerement et regulierement, il en laisse en arriere plus de la moitié? »

J'accorde, néanmoins, que la communauté soit ce qu'il y a de plus achevé, de plus idéal; mais que sert de donner des plans-modèles irréprochables, si ce sont des chimères? « Il ne suffit pas d'imaginer un gouvernement parfait; il faut surtout un gouvernement praticable et d'une application facile. Loin de là, on nous présente aujourd'hui des constitutions inexécutables. »

Aristote, par ce peu de mots, a fait judicieusement une juste critique de la doctrine politique de Socrate et de la république de Platon. Et cette critique peut, avec non moins de justesse, s'appliquer aux systèmes d'organisation sociale des modernes communistes, systèmes d'autant moins praticables qu'ils sont plus parfaits. Je parle ainsi, toutefois, parce que je m'imagine que le but de ces publicistes n'est pas de présenter un plan de gouvernement seulement pour donner un type, un modèle aux législateurs, sans intention de le mettre en pratique.

Il est facile, dans un roman, comme le *Voyage en Icarie*, par exemple, de montrer une communauté existant de fait et en pleine activité, parce que la pratique, dans un livre, n'apporte aucune difficulté. C'est là seulement, sans doute, qu'on peut faire voguer à pleines voiles la communauté. De même encore, ce n'est que dans les romans qu'on peut, avec ou sans propriété, faire la description d'un Eldorado et montrer des peuples qui ignorent nos misères et nos vices, qui ne pratiquent que la vertu, qui sont adonnés au travail seul, et qui vivent dans l'innocence et la paix, l'abondance et le bonheur.

Mais si l'on passe du monde imaginaire au monde réel, si l'on ne parle point des êtres créés par l'imagination, doués par elle de toutes les qualités et exempts de tous défauts ; s'il faut faire vivre en communauté les hommes tels qu'ils sont, tels que nous les connaissons, il faut avouer qu'à un pareil ordre de choses on prévoit mille obstacles, et, en conséquence, mille dangers.

§ 2.

Le premier de tous les obstacles, ou plutôt le seul qui soit et d'où naissent tous les autres, est la nature vicieuse de l'homme, son imperfection (Je n'entends point parler de l'homme en solitude, mais de l'homme en société, en rapport avec ses semblables). Car, comme la communauté est une sorte de gouvernement qui approche de la perfection, on conçoit que, pour que son existence soit possible, il faut qu'il y ait accord et harmonie entre elle et ses membres ; c'est-à-dire qu'il faut que ceux-ci approchent aussi de la perfection. C'est là la condition *sine quâ non*. S'il n'y avait pas un semblable rapport ; si les hommes, je suppose, étaient imparfaits, et par là dissemblables à l'esprit de leurs institutions, on sent que l'accord nécessaire entre eux cesserait bientôt de régner, que leur harmonie serait bientôt détruite. Il faudrait qu'il y eût divorce entre eux : ou plutôt les hommes changeraient leur constitution ; car celle-ci est toujours conforme aux mœurs et aux manières de ses membres, modelée sur leur esprit et leurs goûts, sur leurs besoins et leurs passions.

La question est donc de savoir si l'homme est parfait, ou si sa perfectibilité à l'infini n'est pas un rêve. Je sais que les écrivains qui prêchent la communauté admettent cette perfectibilité : c'est même là leur point de départ. Mais ce n'est pas assez, pour qu'on le croie, d'assurer que l'homme peut atteindre à la perfection ou à une quasi-perfection : aucune preuve ne vient à l'appui d'une pareille affirmation ; et si, parmi tous les sages et tous les philosophes, on en trouve quelques-uns qui ont montré assez de justice, de vertu, d'égalité d'ame pour qu'on puisse en déduire qu'ils approchaient de la perfection, leur nombre est si faible, qu'on n'en doit tirer aucune conséquence affirmative pour le reste du genre humain. Encore, à celui qui scrutera bien dans la vie de ces hommes, que les siècles nous apportent certainement entourés de prestige, peut-être lui arrivera-t-il, comme dit Montaigne, de « veoir ces ames principales ne se pouvoir despendre de nostre consorce ; tant parfaicts qu'ils soyent, ce sont tousjours bien lourdement des hommes. » S'il en est ainsi pour ces grandes et riches ames, qui sont tellement pourvues de belles choses qu'elles font exception parmi nous, que sera-ce pour nous autres, qui sommes si faibles et si chétifs?

Chaque homme cependant est capable d'atteindre à un certain degré de perfectionnement, au-delà duquel il ne peut que déchoir ; mais ce degré, qui varie pour chacun de nous, est si peu de chose chez la grande majorité, que partout et toujours, dans tous les âges et chez tous les peuples, l'homme a été jugé un être im-

parfait par tous ceux qui l'ont étudié. L'histoire de tous
les peuples vient l'attester. En effet, cette imperfection
est une vérité évidente, palpable, frappante ; c'est elle
qui a vicié les meilleures constitutions, elle qui fait que
les institutions les plus irréprochables d'un Etat finissent
toujours par tomber peu à peu en désuétude. En vain
les partisans de la communauté soutiennent que les vices
des hommes sont engendrés par la mauvaise organisation sociale de nos sociétés, c'est-à-dire par la propriété,
qui est leur base. Il est évident et sûr, pour tous ceux
qui raisonnent sans passion, sans intérêt, sans parti
pris, que c'est des vices des hommes que naissent les
vices des contrats sociaux : car une cause vicieuse et im-
parfaite ne peut produire que des effets qui lui sont
analogues, identiques en tout. Or, certainement les
hommes sont les causes, et les lois humaines sont les
effets.

Je ne nie pas que de mauvaises institutions puissent
avoir une fâcheuse influence sur les générations qui
naissent sous elles. Mais, je le répète, comme le propre
de l'homme est de tout soumettre et de rendre tout conforme à son caractère et à sa volonté, il arrive nécessairement que cette influence perd bientôt toute sa force,
parce que chaque âge, mal ou bien, retouche, réforme,
corrige toujours les lois et les coutumes que lui ont lé-
guées ses devanciers. C'est pour cela qu'on voit tant de
bonnes et de mauvaises institutions qui, en honneur et
florissantes dans un siècle, cessent d'être en vigueur
dans le siècle suivant, pour renaître, puis disparaître encore. Tel est, du moins, ce qu'on a vu jusqu'ici.

Sparte était soumise au régime de la communauté.

D'où vient qu'elle a subi le sort commun à toutes les institutions humaines? Pourquoi sa constitution n'a-t-elle pas eu une existence d'éternelle durée? Pourquoi n'est-elle pas allée sans cesse de perfectionnement en perfectionnement, et s'idéalisant toujours de plus en plus, à mesure qu'elle prenait de l'âge et de l'expérience? Pourquoi n'a-t-elle pas rendu les Spartiates stables dans la pureté de leurs mœurs, et les a-t-elle laissés à la fin tellement se corrompre et dégénérer, que leur puissance a été complètement anéantie, après un règne assez court? Et cependant ce n'est pas à la propriété qu'il faut attribuer leur corruption et leur dégénération : elles furent les fruits de la nature vicieuse de l'homme, et peut-être aussi de la communauté.

Et le christianisme, quelle cause encore l'a fait dévier dès sa naissance? C'était cependant une doctrine bien pure et bien belle : c'était la communauté que le Christ enseignait de la parole et de l'exemple; et ses apôtres et lui (comme vous diriez, ô nouveaux socialistes!) étaient des propagandistes habiles, insinuants et hardis. Si donc leurs Evangiles n'ont pas pu gouverner les hommes; si leur religion a été aussitôt altérée que préchée, quelle raison en donnerez-vous? A quelle cause attribuerez-vous cette déviation? Sera-ce aux vices du christianisme, ou à ceux de l'humanité? —Vous le voyez donc, tout ce qui porte en soi le cachet de la perfection ne peut prendre racine chez les hommes, ou du moins devient bientôt impraticable.

On dirait que la perfection est une île enchantée dont les abords ne sont pas absolument inaccessibles, mais où l'on trouve d'infranchissables obstacles qui ne per-

mettent pas d'arriver jusque dans son sein : la foule ne
fait qu'errer sur ses bords ; le sage seul pénètre un peu
avant, en suivant toutefois des sentiers si rudes et si es-
carpés, qu'ils découragent promptement les ames vul-
gaires.

§ **3.**

Thomas Morus, ce communiste qui souhaitait, quoique sans beaucoup d'espoir, que le monde pût s'utopianiser, n'a-t-il pas dit lui-même : « L'amour-propre
empêchera probablement la communauté de faire le
bonheur du genre humain. » L'amour-propre ! l'égoïsme ! Il est, en effet, le vice radical qui corrompt le cœur,
et qui est le générateur de tous les autres vices. C'est lui
qui est le père de toutes les mauvaises passions, dont
le déplorable faisceau forme l'imperfection humaine.
Qu'est-ce donc que l'amour-propre ?

On ne peut nier qu'il soit naturel et légitime de se
préférer à tout autre : aussi n'est-il personne au monde
qui ne possède ce sentiment, qu'on appelle l'amour de
soi. Quand on le porte à l'excès, il se change en égoïsme. Or, de l'amour de soi à l'amour-propre il n'y a souvent que peu de distance, qu'une circonstance à naître.
Et comme il serait absurde et contre la nature de chercher à éteindre ce premier sentiment, parce qu'il se lie
intimement, se confond même et s'identifie avec les
sentiments de conservation et de bonheur ; comme,
d'autre part, tout homme naît sujet à l'erreur, et, par
conséquent, sujet à mal entendre ou à porter à l'excès
l'amour de soi, il s'ensuit nécessairement que l'égoïsme

sera toujours la passion dominante de l'homme, et la cause qui le rendra incapable de vivre dans une société parfaite.

Se préférer aux autres est donc un sentiment que tous les hommes de toutes les nations ont toujours eu et auront toujours, parce que, loin d'être blâmable et répréhensible, il est juste, rationnel et selon la nature ; parce qu'il est le sentiment du bien-être et de l'existence elle-même ; mais comment faire pour tracer avec justesse la limite qui le sépare de l'égoïsme ? Comment empêcher qu'on ne franchisse cette limite, puisque chacun tend naturellement à la reculer autant que possible, dès qu'il croit qu'il y va de son intérêt ? Que faire, pour que l'homme ne soit imbu de l'amour de soi qu'avec une juste mesure, afin qu'il ne soit jamais poussé par l'égoïsme à commettre des actes préjudiciables aux autres ? Là est tout le problème : qui pourra le résoudre ?

Les communistes croient supprimer l'égoïsme en supprimant le *tien* et le *mien*, c'est-à-dire la propriété. Ils ne suppriment ni l'un ni l'autre. En effet, mon champ n'est pas ma seule propriété ; ma profession en est une autre ; ma fonction publique en est une troisième. On dira que ce qui fait aimer la propriété, c'est le profit qu'on en tire, et que, dans la communauté, chaque profession, chaque fonction publique étant également récompensée, l'égoïsme ne peut pas s'y développer. Mais les professions seront plus ou moins douces, plus ou moins rudes : leur degré de douceur ou de rudesse sera donc ce qui constituera le profit, qui ne pourra pas être égal. De là une ardente rivalité, qui changera l'amour de soi en égoïsme. De là encore l'envie et la haine, avec toutes leurs conséquences. On se disputera un métier comme on se dispute un coin de terre.

Il en sera de même pour les fonctions publiques. On objecte qu'elles ne seront que des charges, puisqu'elles ne seront pas rétribuées. Comme si ces charges n'étaient pas honorifiques! Comme si l'homme, mû par cette vanité qu'un rien éveille en lui, n'était pas désireux et envieux même d'un honneur quelconque! Comme si ce n'était point là un appât suffisant pour lui souffler au cœur une insatiable ambition! On ne peut faire autrement que le pouvoir ne soit entouré de prestige. L'action de n'élever aux dignités que les plus méritants y contribue grandement; et il n'est personne qui, par vanité, n'ait le désir de passer pour le plus digne. Aussi, outre les autres avantages que peuvent procurer le pouvoir et l'administration des intérêts généraux, ce qui vient d'être dit est un motif assez puisant pour inspirer vivement le désir d'obtenir une dignité. Il est facile de voir que de là encore naîtra l'égoïsme.

Si donc l'égoïsme ne peut pas disparaître; si, d'autre part, les communistes avouent que leur système ne peut exister avec cette passion, je crois qu'il est alors démontré que la communauté est impossible.

§ 4.

Il est encore une foule d'autres passions, nées du désir d'augmenter son bonheur, et par là justes et non condamnables, qui étendent sur l'homme leur impérieuse domination, et qui lui imposent un joug d'autant plus difficile à secouer, qu'il paraît plein d'attraits. Une fois soumis à leur empire, comme on est souvent aussi impuissant à satisfaire ses désirs qu'à leur résister, il s'ensuit qu'on est souvent porté à commettre des actes répréhensibles. L'amour, par exemple, n'est-il pas de ces passions-là ?

Pour répondre, il n'est besoin que de jeter un coup-d'œil sur les sociétés actuelles, et on verra leurs membres esclaves de passions aveugles, étranges, singulières, inconcevables. Je sais bien que les communistes disent qu'il n'est pas juste d'argumenter contre la communauté et de la juger en prenant pour point de vue l'homme pris dans nos sociétés; mais qu'il me soit permis de m'étonner de ce reproche, car ne sont-ce pas ces mêmes hommes qu'on veut utopianiser? Faut-il donc raisonner sur des êtres imaginaires? Ne sont-ce pas les communistes, au contraire, qui méritent le reproche de ne point tenir compte de l'imperfection humaine, et de croire l'homme tel qu'ils espèrent ou plutôt tel qu'ils désirent qu'il soit? Je crois que leur enthousiasme les aveugle, et qu'il leur fait juger les autres et eux-mêmes avec trop de faveur.

Et quand je parle de la passion érotique, je n'entends pas ne faire mention que des troubles particuliers qu'enfante la jalousie, ou des querelles et même des crimes individuels produits par la rivalité et l'adultère, mais encore et surtout de cette funeste démoralisation qui, énervant et épuisant un État tout entier, successivement par chacun de ses membres, en est la perte et la ruine : Sparte a péri par cette cause. Ce n'était pas assez de se contenter du brouet noir et de ne faire nul cas des jouis-

sances de la table ; il aurait aussi fallu pouvoir se mettre
en garde contre les séductions de l'amour, qui est une
passion énervante bien plus funeste que toute autre. On
ne le peut pas sous le régime communitaire. Si l'habitude de respecter la propriété d'autrui rend facile le
joug de la vertu, la communauté des biens, des objets
et des plaisirs décharge de toute gêne et semble inviter à
la communauté des femmes. L'immoralité alors marche
bientôt à front découvert ; car, une fois un exemple
produit, le branle est donné et rien ne l'arrête. Les
hommes sont comme les moutons de Panurge : l'action
d'un seul est imitée par tous. On dirait aussi que cela
donne naissance à une espèce de solidarité honteuse, et
que, grâce à la participation commune, nul ne craint
de se précipiter dans les bourbiers du vice. De là naît
une mollesse, une effémination qu'il faut avoir soin d'é-
loigner d'un État qu'on veut rendre florissant.

L'affaiblissement d'une nation énervée n'est pas le
seul défaut d'un bonheur continuel ; il a encore cet autre, grave et dangereux, de perdre à la longue toute sa
douceur. La fleur qu'on flaire continuellement cesse
bientôt d'avoir pour nous le moindre parfum, car
l'émanation permanente de la senteur émousse et corrompt le sens qui perçoit les odeurs : de même le bonheur dont on jouit d'une manière constante cesse bientôt d'avoir pour nous le moindre charme.

On dirait qu'il nous faut le revers pour estimer la
bonne fortune, et que c'est l'absence momentanée
de jouissances et la comparaison de l'infortune qui
rehaussent le prix du bonheur. Il y aurait donc à
craindre l'indubitable inconvénient de rendre à la fin

l'humanité entièrement indifférente au bonheur qu'on lui voudrait procurer. Ne voit-on pas les riches qui courent de plaisirs en plaisirs, prompts à s'en fatiguer, à s'user les sens, et, suivant l'expression triviale, à se blaser ! Ce n'est pas que cet état d'indifférence comporte en lui-même la satiété, puisque rien n'éteint les désirs de l'homme ; mais on éprouve tout à la fois comme un dégoût et comme un besoin : le plaisir est alors comme un joug que l'habitude de porter empêche de secouer. On est engourdi, paralysé, et on devient inutile et incapable de rien faire. Nécessairement, un système de gouvernement ne doit pas tendre à donner de pareils membres à l'État ; si, comme la communauté, il arrive à cette conséquence, ce système est funeste et doit être rejeté.

§ 5.

J'ai montré, par ce qui précède, que l'imperfection de l'homme, toujours esclave de ses passions, rend inexécutable la communauté des biens. De cette impossibilité découle un grand danger : c'est qu'il peut se trouver des esprits qui, dans l'espoir de réussir, peuvent s'efforcer de renverser l'état actuel des choses et exciter des troubles et des émeutes. On ne peut donc trop désillusionner le peuple d'une doctrine qui n'est qu'un beau rêve, et qui ne peut lui amener que des discordes intestines, c'est-à-dire un surcroît de maux. Il y a encore un autre mal, d'une gravité aussi grande qu'incontestable : c'est qu'en leurrant les malheureux d'une espérance irréalisable, on les habitue à se repaître de songes creux, et qu'on détourne leur intelligence et leur travail d'un but sérieux. On voit souvent des individus dont l'imagination s'exalte et se porte sur des rêveries, et qui, prenant pour des vérités les mensonges et les chimères dont leur esprit est plein, perdent leur temps et leurs soins à en attendre la réalisation. Il faut bien se donner garde de rendre toute une société semblable à ces individus ; elle perdrait bientôt toute son énergie, laisserait éteindre toute son activité, et ne deviendrait plus propre à rien de bon et de louable.

Un autre danger qui, fût-il unique, serait assez grave pour faire rejeter cette organisation sociale et politique, c'est qu'elle est stérilisante. En effet, il n'y aurait aucune émulation, aucun prix ne venant rémunérer les travaux de l'homme. On proposerait, nous dit-on, des récompenses nationales ; mais quelles seraient-elles, s'il n'y a plus de propriété ? L'honneur ! personne ne doute que ce ne serait là qu'un équivalent insuffisant au désir de se procurer un bien-être supérieur à tout bien-être, qui est en même temps accompagné d'honneur ! Et, pour ne point s'élever dans les hautes régions, qu'est-ce qui rend l'homme si actif et si laborieux, si ce n'est la passion d'acquérir, ou d'augmenter et de conserver les biens qu'il possède déjà ? Qu'on lui ôte cette passion qui l'aiguillonne sans cesse et si puissamment, il deviendra nonchalant, et le travail lui répugnera.

L'avarice et la cupidité, à si juste titre flétries et repoussées comme infâmes, ne sont, comme tout autre vice, que l'excès d'une passion nécessaire et naturelle, l'intérêt. Toute chose qui ne devient un mal que quand elle est portée à l'excès, ne mérite pas de réprobation ;

ce sont seulement ceux qui la portent à ce point, qui encourent le blâme et les stigmates d'une juste flétrissure. Il ne faut donc point condamner l'intérêt, parce qu'il est une passion d'autant plus utile qu'elle est la mère du travail.

Je sais que, pour remplacer l'amour d'acquérir ou d'accroître ses biens, on promet de rendre le travail attrayant. La chose est-elle possible, au moins pour certaines professions ? Rendra-t-on attrayant, par exemple, le travail des mineurs ou celui des cureurs d'égouts et des vidangeurs ? N'y a-t-il pas des matières qu'il faut travailler, et qui, de leur nature, ne sont point attrayantes ? Ici, nous devons l'avouer, ce n'est pas seulement la passion d'acquérir qui force à se livrer à ces travaux : c'en est une plus forte, la nécessité, dur mais irrésistible attrait.

Dans la communauté des biens, où chacun possède tout ce qu'il lui faut, où nul ne craint de jamais manquer de rien, où surtout on reçoit une égale et parfaite éducation, et où, selon les communistes, l'intelligence de tous est portée à son apogée, comment concevoir qu'il se trouvera des hommes qui préféreront les plus rudes travaux aux plus doux, les moins attrayants aux plus agréables ; qui aimeront mieux la peine que le plaisir, la fatigue que le repos ?

Je le demande, s'il y a des travaux plus ou moins pénibles, comment établir une égalité parfaite ?

On promet des machines qui ne laisseront presque rien à faire à l'homme ; mais, avant d'établir la communauté, il faudrait au moins les inventer, ces machines, comme il faut perfectionner l'homme, avant de le soumettre à un régime parfait.

Je suis convaincu, et il faut être aveugle ou intéressé au contraire pour ne point partager ma conviction, que, sans le désir ou de vivre, ou d'acquérir, ou de se procurer un grand bonheur, les hommes ne se livreraient point aux grandes comme aux menues entreprises avec cette ardeur qu'ils montrent sous le système du droit de propriété. De l'intérêt naît l'amour du travail : il ne faut donc pas chercher à en priver l'homme ; c'est-à-dire qu'il ne faut pas supprimer la propriété, qui engendre l'intérêt. Seulement, comme il arrive pour toutes les autres passions, si l'on pouvait faire en sorte que cette dernière ne franchît que peu les limites du permis, ne dégénérât que peu en excès, un pareil résultat serait le *nec plus ultra* de la perfection humaine. D'ailleurs, supprimer cette passion, c'est laisser le champ libre aux autres, et, pour ainsi dire, les développer davantage. Qu'on songe à quel degré s'élèverait l'ambition, par exemple, si l'homme y concentrait toutes ses aptitudes. Et, qu'on le remarque, elle sera une passion plus cultivée sous la communauté que sous tout autre système, où l'on s'efforcera même de lui offrir toutes sortes d'amorces et d'appâts. Si donc elle est une conseillère au moins aussi mauvaise que la cupidité et l'avarice, avec la force inconcevable et l'intensité immense qu'elle acquerrait si toutes les facultés de l'homme ne tendaient qu'à la satisfaire, à quelle chose dès lors ne pousserait-elle pas? Quels actes ne ferait-elle pas commettre? Je ne sais ; mais je crois que ce n'est pas sans dessein que le créateur de l'homme nous a donné divers mobiles. Vouloir en retrancher quelques-uns, ce serait détruire l'harmonie qui existe en nous ; ce serait, en conséquence, rendre l'homme plus imparfait.

§ 6.

La communauté est encore stérilisante par son injustice.

Elle est injuste envers les plus nobles intelligences,
dont elle ne peut point récompenser les travaux. Son
système de faire passer sous le même niveau les ames d'é-
lite et les plus communes; de ne pas distinguer du vul-
gaire les beaux talents, les grands génies, non-seulement
n'excite point d'émulation, mais même ne peut apporter
que le découragement : tandis que, au contraire, l'espérance d'acquérir des richesses, et par là un bien-être
longtemps rêvé, est, avec la propriété, un stimulant
permanent et d'une puissance infinie, stimulant qui enfante les ouvrages de mérite.

L'auteur du *Voyage en Icarie* objecte que les hommes
de talent sont assez récompensés par leur talent. Quoi !
la société serait dispensée de récompenser un de ses membres qui lui aurait rendu un grand service, parce que le
bienfait lui-même serait la plus noble récompense que
ce membre pût recevoir ! Quoi ! l'on dit que l'artisan est
assez récompensé de son labeur par l'œuvre qui en est
le produit ! Mais le bienfait venant du bienfaiteur, c'est
ce dernier seul qui se récompense, non la société, qu'il
peut à bon droit accuser d'ingratitude. Dès lors, si ce
prix, qu'on constitue par l'œuvre, ne suffit pas, c'est à
la société à payer selon la valeur du service : sinon, elle
reste redevable, devient injuste et, par conséquent, stérilisante.

Je ne m'arrête pas à réfuter le paradoxe de l'auteur du *Voyage en Icarie*, qui soutient que les hommes sont égaux en force physique et intellectuelle, car le contraire est trop évident pour tout le monde. On pourrait même soutenir, avec plus de vérité, qu'il n'y en a pas deux qui soient égaux en tous points. La nature, notre mère, ne se répète pas ; et depuis l'idiot jusqu'à l'homme de génie, il y a une immense distance, qui va toujours par gradation. Il y a plus : de deux hommes qui vivent ensemble, celui qui a le plus d'intelligence soumet toujours l'autre, et toujours fait prédominer sa volonté.

Il n'est pas vrai non plus que ce soit la société, non la nature, qui fasse les hommes inégaux en intelligence et en instruction. La société peut bien les faire inégaux en instruction, mais l'inégalité d'intelligence vient de la nature. Ces deux choses, malgré leur affinité, n'ont qu'un semblant de similitude, et ne doivent pas être confondues. L'instruction sert à développer l'intelligence ; mais on voit souvent des hommes que leur intelligence rend plus capables que de plus instruits qu'eux.

Quant à la distinction des mots *différence* et *inégalité*, cela est une argumentation plus digne d'un scolastique ou d'un casuiste que d'un philosophe qui marche avec Platon. Ces deux mots, surtout ici, ont un sens qui présente à l'esprit la même idée ; et dire que les hommes sont différents en intelligence, c'est avouer qu'ils sont inégaux : vérité si palpable, que l'auteur du *Voyage en Icarie* n'a pas osé le nier complètement ; il s'est contenté de dire que « tous les hommes sont, par la nature, généralement égaux, ou *à peu près* égaux en force physique et intellectuelle. »

Or, si les intelligences ne sont pas égales; si, d'un autre côté, les plus grandes sont rabaissées au niveau des plus petites, et si, pour leurs grandes œuvres, elles ne reçoivent d'autre prix que celui accordé au premier venu, on voit qu'avec ce système on ne pourra produire que le découragement et la stérilité. Nul ne serait stimulé à mieux faire, n'étant pas mieux récompensé. Tel est aussi l'avis de Montesquieu, qui écrit, dans son *Esprit des Lois* : « La nature est juste envers les hommes. Elle les récompense de leurs peines ; elle les rend laborieux, parce qu'à de plus grands travaux elle attache de plus grandes récompenses. Mais si un pouvoir arbitraire ôte les récompenses de la nature, on reprend le dégoût pour le travail, et l'inaction paraît être le seul bien. »

Que si l'on me disait que le malheur accompagne souvent le génie, ce qui ne lui empêche pas de produire, je répondrais qu'au moins il est toujours guidé par l'espérance, et qu'il suffit que cette espérance existe, dût-elle être trompée par la suite.

Quel serait aussi le sort des ouvriers de la pensée et des beaux-arts?

L'auteur du *Voyage en Icarie* conserve les premiers et ne paraît point donner de regret à la suppression des autres. Mais puisque les beaux-arts sont le fruit du génie aussi bien que les œuvres de la pensée, il est impossible de ne pas les conserver. D'ailleurs, ce serait priver l'humanité d'une source de bonheur bien pur et bien doux ; et la communauté, qui veut rendre les hommes heureux au dernier point, se montrerait tout-à-fait inconséquente et manquerait à sa mission, puisqu'elle se priverait d'un puissant moyen d'augmenter et de multiplier les jouissances humaines, et que même elle ôterait à l'ame la facilité de s'accoutumer aux plus belles choses par la contemplation d'objets qui approchent du beau idéal.

Si l'on ne peut point proscrire ces deux sortes de travaux, il en faudra faire des professions distinctes. Mais ne voit-on pas qu'alors il y aura une foule de gens parasites, qui ne feront rien pour la société? Car il n'en est pas peu qui, sans être pourtant capables de les remplir, préféreront ces métiers à tout autre, parce qu'ils leur sembleront plus doux; et qui, en fin de compte, ne feront rien que consommer.

On dit que ceux-là seulement à qui, dans un examen, on aura reconnu du génie ou du talent, seront appelés à ces professions. Est-ce possible, après tout? Ne sait-on pas que le génie se déclare souvent bien tard? N'en avons-nous pas eu des exemples? Et, par contre, ne voit-on pas aussi des intelligences rares et précoces ne pas donner ce qu'elles ont promis d'abord? Comme ces arbres qui s'épuisent à se couvrir de fleurs, et qui ne rapportent pas les fruits que leur brillante floraison semblait faire espérer; ainsi sont souvent ces enfants ingénieux, bijoux de la nature, que la capricieuse abandonne tout-à-coup. Ce sont eux cependant qui seraient toujours couronnés dans les examens, et non les intelligences solides et réelles, parce qu'à celles-ci il faut du temps pour se développer et se mûrir. Ce serait là un grand danger pour les ouvrages d'art et pour les œuvres de la pensée.

Si l'on prolongeait leur instruction assez loin pour obvier à cet inconvénient, on tomberait aussitôt dans un

autre plus grave, qui serait de rendre des hommes in-
capables de rien faire. En effet, celui qui se destine à
une certaine profession, et qui, dès lors, en fait une
longue étude, s'habitue ainsi à ne pouvoir faire autre
chose. C'est là une vérité incontestable, surtout s'il faut
passer des travaux de l'esprit aux travaux manuels.

Or, si, après avoir passé par la filière des divers examens d'une profession, on est incapable d'en franchir
le dernier degré, on doit être à bon droit condamné à
choisir une autre carrière. Mais si, comme je viens de le
démontrer, on n'est plus propre à quoi que ce soit, alors
on devient un membre inutile de la société. Telle est
l'absurde conclusion où conduit la communauté.

Il n'en est pas ainsi sous le régime de la propriété :
avec elle on peut se livrer, sans que la société en soit
lésée, à n'importe quelle carrière; comme on le fait à
ses risques et périls, personne n'a le droit de s'en plaindre, aucun intérêt ne s'en trouvant froissé.

§ 7.

Une autre cause de stérilité, une autre source de dangers que produit le système communitáire, est son im-
puissance à distribuer avec justice les produits tant na-
turels qu'artificiels. Quelle base prendrait-on pour leur
répartition?

La ferait-on d'après les besoins ou d'après le travail?
ou bien serait-ce d'après la combinaison des besoins et
du travail?

Ce dernier mode est le plus juste; mais est-il possible?

Ceux dont les besoins sont plus grands doivent travailler plus; sinon, ceux dont les besoins sont moindres pourraient se plaindre avec raison qu'on exige autant de travail de leur part que de la part de ceux qui consomment le plus; et si l'on ne faisait pas droit à des plaintes aussi justes, je les crois en droit de refuser le travail, et je crois aussi qu'ils le feraient. Nul ne se soucie de travailler pour les autres et plus que les autres, à moins d'un dédommagement.

D'un autre côté, ceux qui travaillent plus et mieux doivent recevoir plus et mieux : c'est la justice qui le veut ainsi. Mais comme la distribution des produits serait égale ou proportionnelle aux besoins, et la même en tout, comment récompenserait-on ceux qui seraient capables de faire plus et mieux? Et cependant ne pas le faire ce serait les décourager, ce serait, par conséquent, tuer le progrès et semer la stérilité dans la société.

De plus, si celui dont les besoins sont plus grands était aussi celui qui fût le moins capable et le moins apte au travail, comment concilierait-on les deux incompatibilités d'être obligé de recevoir plus et de n'être propre qu'à faire moins? Mais ou, en lui donnant moins, on le mécontenterait, ou, en lui donnant autant, on ne serait pas juste envers les autres.

On voit quel galimathias engendrerait la communauté. Je ne sais, pour sortir de là, que l'inégalité de travail et l'inégalité de distribution; c'est-à-dire que cette égalité parfaite qu'on nous vante et qu'on nous promet n'est qu'une chimère.

On nous clame sur tous les tons que nous sommes tous égaux en droits et tous égaux en devoirs; mais cela ne comporte pas l'égalité de travail et de distribution des produits. Car il serait absurde que la société exigeât d'un homme plus qu'il ne lui est possible de faire, et il serait injuste qu'elle n'eût qu'une seule et égale récompense pour l'action la plus noble comme pour la plus commune, pour l'œuvre la plus grande comme pour la plus médiocre.

Egalité de devoirs signifie : Chacun selon ses forces.

Egalité de droits veut dire : A chacun selon ses œuvres.

Rousseau, qui fut sans contredit l'un des plus fervents amis de la liberté, de l'égalité et de la fraternité, avait cette pensée. On peut le voir par le passage suivant de son *Contrat social :* « A l'égard de l'égalité, il ne faut pas entendre par ce mot que les degrés de puissance et de richesse soient absolument les mêmes ; mais que, quant à la puissance, elle soit au-dessous de toute violence, et ne s'exerce jamais qu'en vertu du rang et des lois ; et, quant à la richesse, que nul citoyen ne soit assez opulent pour en pouvoir acheter un autre, et nul assez pauvre pour être contraint de se vendre. » Lorsqu'on sait que l'égalité parfaite fait partie intégrante de la communauté, on voit que Jean-Jacques n'était point partisan de celle-ci. J'ai plus de confiance en lui que dans les communistes, parce que ceux-ci ne consultent pas la nature, n'étudient point l'espèce humaine, et que leur système d'organisation sociale et politique est le fruit de leur seule imagination ; tandis qu'au contraire Rousseau a sans cesse et scrupuleusement consulté la nature et l'homme, et que tout ce qu'il a écrit lui a été dicté par cette étude.

« Mais quel outrage à la Divinité, dit l'auteur du *Voyage en Icarie*, que de supposer qu'elle ait voulu diviser les hommes en propriétaires et en prolétaires ! C'est blasphémer contre la Providence, que de lui supposer tant d'injustice ! »

Au premier coup d'œil, cet argument peut avoir quelque crédit ; mais, en réalité, il ne prouve rien en faveur de la communauté. Je crois plutôt que c'est une arme qui se retourne contre elle ; car si l'on pense à faire intervenir la volonté de Dieu dans les choses de la terre, et s'il y a injustice de sa part à souffrir aujourd'hui cette division des hommes en propriétaires et en prolétaires, l'avoir souffert jusqu'à l'arrivée de ce jour n'aurait-il pas été une injustice aussi ? Si la communauté suppose la justice en Dieu, n'y était-elle pas auparavant ? Certes ! voilà ce que cet argument veut dire : Non, la Divinité ne peut pas avoir été injuste d'abord, pour devenir juste par la suite. L'immuabilité est un de ses modes essentiels. Elle est et sera toujours ce qu'elle a été. — Ce n'est pas ce qu'établissent les communistes, parce que si la réalisation de leur doctrine est le seul hymne qui consacre la justice divine, le règne de la propriété est une irréfutable accusation contre elle. Tandis que les communistes loueraient Dieu de sa justice, les postérités écoulées, qui ont vécu sous la propriété, reprocheraient à ce même Dieu son injustice, qui serait bien plus évidente qu'elle ne l'est maintenant. Ainsi, ou la Providence se préoccupe fort peu de l'organisation sociale de l'humanité, ou, si elle s'en préoccupe, c'est le système de la propriété qu'elle a voulu établir : autrement, il est certain qu'elle aurait été injuste ; et dire qu'elle l'est maintenant parce que la communauté n'est pas établie, est une supposition suspecte et d'une véracité douteuse.

§ **8.**

L'auteur de cette critique incomplète de la doctrine communitaire a parlé d'après sa conscience et sa conviction. Il se peut qu'il se soit trompé dans ses jugements ; il se peut que l'homme soit meilleur et plus perfectible qu'il ne le suppose : dans ce cas, loin de rougir de son ignorance, loin d'avoir honte de son inexpérience, il se réjouira, au contraire, de l'existence d'un bien qu'il n'espérait pas.

Quel que soit cependant le perfectionnement auquel l'homme est susceptible d'arriver, toujours est-il qu'il ne peut être aujourd'hui qu'en voie de se perfectionner, et qu'il n'a pas encore atteint le degré de perfection qu'il lui faut pour vivre en communauté. Les apôtres de ce système viennent donc le prêcher prématurément et en temps intempestif, ce qui est une faute impardonnable et un reproche qu'ils méritent pleinement. On ne doit donner aux peuples que les constitutions pour lesquelles ils sont mûrs.

On demanda à Solon, rapporte l'auteur de l'*Esprit des Lois*, si les lois qu'il avait données aux Athéniens étaient les meilleures : « Je leur ai donné, répondit-il, les meilleures de celles qu'ils pouvaient souffrir. »

En effet, les lois, pour être bonnes, doivent être relatives à l'esprit, aux mœurs et aux manières des peuples. Je n'entends pas dire qu'il faut qu'elles soient entière-

ment soumises et absolument conformes aux goûts et
aux penchants des hommes, puisqu'elles ont pour fin
d'en réprimer les excès; mais qu'il y ait au moins entre
eux une certaine relation; car, suivant l'avis de Jean-
Jacques, « souvent le gouvernement le meilleur en soi
deviendra le plus vicieux, si ses rapports ne sont altérés
selon les défauts du corps politique auquel il appar-
tient. » Cela est évident. Des lois parfaites avec des
hommes imparfaits, c'est plus qu'un contresens, puisqu'alors les lois, trop en opposition avec la nature humaine, ne pourront pas avoir d'action sur les citoyens,
et qu'elles leur seront une autorité impuissante et sans
vertu. On peut même dire qu'un Etat ainsi institué serait sans lois. Cela est arrivé aux peuples soumis au
sceptre de Rhadamanthe.

Alors si, par toutes les raisons que j'ai données dans le
cours de cet ouvrage, il est vrai de dire que le perfectionnement de l'humanité n'est pas arrivé au degré nécessaire pour la viabilité du système communitaire; si
l'homme n'est pas assez parfait pour se garer de ses mauvaises passions, dont les effets certains, surtout dans la
communauté, seront de l'énerver et par là d'énerver la
société, il en résulte qu'il y aurait du danger à accepter
cette doctrine gouvernementale, fût-elle bonne en elle-
même.

Ainsi, au lieu de donner des plans-modèles de villes,
de communes, de fermes, de maisons et de jardins; au
lieu d'enflammer l'imagination par le programme en-
chanteur des fêtes et des plaisirs qu'on promet au nom
de la communauté; au lieu de dresser la carte des mets
qui seraient servis à la table des communistes, toutes

choses, j'en conviens, qui peuvent séduire la foule et faire des prosélytes; il me semble qu'il ne serait que raisonnable d'agir et de commencer de cette sorte :

Résoudre le difficile problème de la répartition du travail et des produits;

Trouver le terme exact d'après lequel on récompenserait proportionnellement et non également les œuvres et le talent de chacun, en sorte qu'il n'y ait ni découragement, ni haine, ni envie, et que néanmoins l'émulation existe toujours;

Imaginer quelque chose qui invite, qui pousse au travail aussi puissamment et aussi invinciblement que l'intérêt, le désir d'acquérir; et, si c'est l'attrait qui doit accomplir cette merveille, rendre alors tous les travaux attrayants, afin qu'ils ne soient pas délaissés et que la stérilité ne remplace pas la production;

Inventer les machines salutaires qui doivent abréger le travail et le rendre plus facile; et faire surtout qu'aucun labeur ne soit ni plus pénible ni plus agréable l'un que l'autre, de manière que nulle profession ne soit délaissée ou préférée;

Enfin, sans compter ce grand nombre d'autres améliorations matérielles qui doivent préparer l'établissement du système communautaire, rendre l'homme non-seulement meilleur, mais presque parfait. Et pour cela il ne suffit pas de le réformer, de le régénérer même : il faut le refaire, le créer de nouveau. Il faut le douer de capacités qui le rendent propre à tout faire, d'une intelligence capable de tout, et d'une raison sûre et infaillible; il faut lui donner des passions qui ne soient ni trop vives ni trop peu vives, pour qu'il ne soit pas poussé par elles à des actes répréhensibles, ou lui donner au moins la puissance et la volonté de les maîtriser ; il faut le doter de désirs et de goûts semblables et différents tout à la fois : semblables, en ce sens que le bien soit le seul mobile qui guide ; différents, de telle sorte qu'on se porte avec une égale ardeur aux diverses professions. En un mot, il faut d'abord perfectionner l'humanité.

§ **9.**

Pour donner une plus grande force à ma conclusion définitive, qu'il me soit permis de citer encore à mon appui le philosophe de Genève.

Les communistes proclament que la communauté est la réalisation la plus complète de la démocratie. Voici l'opinion de Rousseau sur la démocratie : « A prendre le terme dans la rigueur de l'acception, il n'a jamais existé de véritable démocratie, et il n'en existera jamais. »

Et veut-on savoir ce qui fait ainsi parler Jean-Jacques ? C'est que, dit-il, « s'il y avait un peuple de Dieu, il se gouvernerait démocratiquement ; un gouvernement si parfait ne convient pas à des hommes. »

Donc, bien que ce soit triste et peu consolant à avouer, il faut convenir néanmoins que l'homme est un être trop vicieux et trop imparfait pour vivre en communauté. Aussi ne faut-il pas chercher à lui donner des systèmes d'organisation sociale et politique qui soient d'une perfection idéale : il resterait toujours en deçà des devoirs que lui imposerait une constitution de ce genre, et en deçà même du bonheur qu'elle lui procurerait.

Le mieux est de se rappeler et de mettre en pratique cette sage et profonde maxime de Marc-Aurèle, empereur et philosophe : « Ne pouvant rendre les hommes comme ils devraient être, il faut s'en servir du mieux possible tels qu'ils sont. »

FIN.

www.ingramcontent.com/pod-product-compliance
Lightning Source LLC
Chambersburg PA
CBHW060749280326
41934CB00010B/2415